EXPLICANDO
El bautismo del Nuevo Testamento

DAVID PAWSON

ANCHOR RECORDINGS

Copyright ©2018 David Pawson

El derecho de David Pawson a ser identificado como el autor de esta obra ha sido afirmado por él de acuerdo con la
Ley de Copyright, Diseños y Patentes de 1988.

Traducido por Alejandro Field

Esta traducción internacional español se publica por primera vez
en Gran Bretaña en 2018 por
Anchor Recordings Ltd
DPTT, Synegis House, 21 Crockhamwell Road,
Woodley, Reading RG5 3LE

Ninguna parte de esta publicación podrá ser reproducida o transmitida de ninguna forma o por ningún medio, electrónico o mecánico, incluyendo fotocopia, grabación o ningún sistema de almacenamiento o recuperación de información, sin el permiso previo
por escrito del editor.

**Si desea más de las enseñanzas de David Pawson,
incluyendo DVD y CD, vaya a
www.davidpawson.com**

**PARA DESCARGAS GRATUITAS
www.davidpawson.org**

**Si desea más información, envíe un e-mail a
info@davidpawsonministry.com**

ISBN 978-1-911173-55-7

Índice

La primera entrevista   7

La segunda entrevista   23

Este libro está basado en una charla. Al tener su origen en la palabra hablada, muchos lectores encontrarán que su estilo es algo diferente de mi estilo habitual de escritura. Es de esperar que esto no afecte la sustancia de la enseñanza bíblica que se encuentra aquí.

Como siempre, pido al lector que compare todo lo que digo o escribo con lo que está escrito en la Biblia y, si encuentra en cualquier punto un conflicto, que siempre confíe en la clara enseñanza de las escrituras.

David Pawson

LA PRIMERA ENTREVISTA

Entrevistador: *Sr. Pawson, le damos una cálida bienvenida a Finlandia. Es maravilloso volver a tenerlo aquí. Usted vino originalmente para asistir a un debate sobre el bautismo. Creo que a muchos espectadores les gustaría escuchar más acerca de la visión suya sobre el bautismo, ya que es un debate candente, una discusión candente ahora mismo, aquí en Finlandia. Pero, ante todo, quiero preguntarle: ¿usted fue bautizado de bebé?*

David: Sí, lo fui. Tengo un certificado para demostrarlo. Pero es todo lo que recuerdo del hecho. Fui bautizado por mi abuelo. Nací en una familia muy destacada en una de las denominaciones más grandes de Inglaterra, la iglesia metodista, y ellos, por supuesto, bautizan bebés. Así que fui bautizado y, dado que mi padre era el ministro o pastor, fue él quien me bautizó. Luego, muchos años después, una vez que me había dedicado a la agricultura (esperaba ser un agricultor), el Señor me llamó al servicio de tiempo completo en la iglesia. Como solo conocía una denominación, la iglesia metodista, ofrecí trabajar para ellos, y me aceptaron. Luego de capacitarme, me encontré bautizando bebés. De modo que estuve de ese lado del cerco durante la mayor parte de mi vida inicial.

Entrevistador: *Bueno, entiendo que ha cambiado de opinión desde entonces. ¿Qué lo hizo cambiar de opinión?*

David: Es toda una historia. Todo ocurrió en Arabia. La iglesia metodista decidió que fuera capellán en la Real Fuerza Aérea. Es alguien que es un pastor en las fuerzas armadas y se ocupa de las almas de los pilotos. Me enviaron a Adén. Mi parroquia se extendía desde ese lugar hasta el Golfo Pérsico, Bahréin y la mayor parte de Arabia. Fue allí donde ocurrieron tres cosas. Primero, me casé. Y, sabe, conocí a mi esposa cuando vino a preguntarme acerca del bautismo. Ella había sido bautizada de bebé. Su hermana se había hecho bautista y ahora era una misionera bautista en África, en Angola. Era algo que la preocupaba. La hizo pensar en su bautismo. Vino a pedirme consejos, y tuve que decirle: "Bueno, yo también tengo mis preguntas". Fue así que nos conocimos y nos enamoramos, por el bautismo. Ella fue la primera persona que bauticé que era creyente.

Pero eso es dar un salto hacia adelante. Tuvimos nuestro primer hijo pronto, allá en Arabia, y nos vimos forzados a enfrentar la pregunta: ¿Qué haremos con nuestros hijos? ¿Los haremos bautizar como nosotros, o qué haremos? Me hizo pensar en el tema de una manera mucho más realista. Cuando se trata de su propio hijo y no el de otra persona, se vuelve algo más personal. Esa fue la primera cosa.

La segunda cosa que me ocurrió fue que descubrí que cada musulmán que se convertía en creyente en Cristo en Arabia era asesinado. No era asesinado cuando decía que se había convertido en cristiano o cuando iba a la iglesia o cuando llevaba la Biblia encima. Eran asesinados, cada uno de ellos, *cuando eran bautizados*. Pensé: ¿qué tiene el bautismo que los musulmanes lo toman tan en serio? Y descubrí que ellos tenían una comprensión mucho más profunda del bautismo que yo. Lo veían realmente como una sepultura del pasado, el final de una vida vieja. Por lo tanto, la persona que era bautizada era ahora una traidora del islam y, en consecuencia, era algo que merecía la muerte.

Luego ocurrió la tercera cosa. No estaba logrando mucho éxito con mis prédicas a los aviadores, a hombres. Estaba acostumbrado a congregaciones de mujeres y niños, y pensé:

¿qué puedo hacer para lograr que estos hombres se interesen realmente? Sentí que el Señor me dijo: "Enséñales la Biblia". Dije: "Pero es lo que hago".

Contestó: "No, no lo haces. Les enseñas textos, versículos de la Biblia, trozos de la Biblia. Quiero que les enseñes toda la Biblia".

Les dije entonces: "Los llevaré a través de toda la Biblia, de 'Generación' a 'Revolución', en solo tres meses". Y lo hice. Fue algo que encendió a esos hombres y tomaron verdadera vida. Vieron todo el cuadro y no solo pedacitos. Por lo tanto, como me estaba haciendo preguntas acerca del bautismo, comencé a estudiar cada parte de la Biblia sobre el bautismo.

No hay nada en el Antiguo Testamento, así que esa parte fue fácil. Pero el Nuevo Testamento tiene treinta y un pasajes diferentes sobre el bautismo. Cuando comencé a unir estos pasajes para conseguir el cuadro general, tuve una pequeña conmoción. Pensé: ¡No entiendo el bautismo en absoluto! Lo había realizado, había aceptado la tradición de la iglesia sin cuestionarla, e incluso estaba practicando la tradición de la iglesia sin objeciones. Pero ahora tenía verdaderos problemas. Me temo que llegué entonces a la conclusión que había estado equivocado, y que ya no podía practicar el bautismo de bebés. No lo podía hacer con mis propios hijos, ni con los de ninguna otra persona.

Entrevistador: *Supongo que usted fue bautizado entonces.*
David: Con el tiempo, sí. Porque tenía que preguntarme: "¿Estoy bautizado?". Estaba bautizado a los ojos de la iglesia, pero lo que me preguntaba ahora era: "Pero, ¿estoy bautizado a los ojos del Señor?".
Entrevistador: *¡Buena pregunta!*
David: "¿Puedo aplicar estos treinta y un pasajes a mi bautismo de bebé?". No podía hacerlo, así que tenía que enfrentar la pregunta. No fui bautizado *nuevamente*, porque

no creo que el bautismo pueda ser repetido jamás. Es un evento único en la vida de cada cristiano. En realidad, había llegado a la conclusión de que mi bautismo de bebé no era un bautismo del Nuevo Testamento, así que, aunque todos los demás decían: "Te estás bautizando nuevamente", dije: "No, no es así. Me estoy bautizando por primera vez". Quiero hacer hincapié en esto muy fuertemente, porque todo el que quiera ser bautizado como creyente después de ser bautizado como bebé tiene que llegar a la conclusión de que no se trata de un nuevo bautismo o un segundo bautismo, sino que el primero no fue válido y, por lo tanto, el segundo es el primer bautismo verdadero.

Entrevistador: *Todo un cambio, entonces, ¡todo un proceso para una persona que era un ministro metodista! ¿Qué significaron para usted estas conclusiones a las que arribó?*

David: Bueno, creó una crisis. ¿Puedo hablar de mi bautismo primero, lo que significó para mí?

Entrevistador: *Por supuesto.*

David: Estaba en una pequeña iglesia bautista en los Peninos, en el norte de Inglaterra. Un amigo mío me dijo que lo haría, así que fui, sin saber qué esperar o qué significaría, pero sabiendo que mi bautismo de *bebé* no significaba nada. No podía recordarlo, no podía pensar en él. ¿Qué significaría esto? Era una iglesia vieja, y tenía un bautisterio, una tina que no había sido usada por mucho tiempo, porque estaba verde del moho. Cuando bajé al agua por los escalones, y vi este color verde, tuve una visión. Lo único que vi fue el río Jordán, con una ribera verde a cada lado, y sentí que Jesús acababa de entrar en el río antes que yo. Yo era el siguiente. Fue una visión extraordinaria. Sentí que estaba siguiendo a Jesús. Él había sido bautizado a los treinta años, cuando descendió al Jordán. Y yo tuve este sentido extraordinario de que no estaba en la iglesia, sino que estaba en el río Jordán, y que estaba siguiendo a Jesús, haciendo lo que él había hecho. Fue una experiencia sencilla, pero fue visual. Tiene que haber sido provocada por el moho verde en el costado de la tina, pero fue muy significativo para mí.

Por supuesto, provocó una crisis. Aquí estaba yo, un ministro de una iglesia que esperaba que bautizara bebés, que prometí hacerlo cuando fui ordenado, que dije que ministraría la Palabra y los sacramentos de acuerdo con el uso de la iglesia metodista. Ese era el voto que había hecho.

Entrevistador: *¿Qué significó para su ministerio, entonces?*
David: Tuve que decir a las autoridades de la iglesia metodista que ya no podía bautizar bebés. Así que me llevaron ante un comité disciplinario. Fue algo risueño, ¡porque en el comité había un profesor que había escrito un libro que apoyaba el bautismo de creyentes, aun cuando era un profesor metodista! El presidente me preguntó qué había estado leyendo que me había hecho cambiar de opinión. "Por un lado, he leído el libro de este profesor". Esto causó consternación. El profesor se ruborizó. Pero finalmente sintieron que no podrían hacer nada, que no podían echarme, y no lo hicieron. No dijeron: "No puedes seguir" sino "Bueno, te daremos una iglesia", y nada más, excepto que agregaron: "Te daremos un asistente para que haga todos los bautismos por ti, así tu conciencia estará a gusto". Dije: "No, eso sería deshonesto. Sería difícil para mi asistente, y además yo estaría predicando acerca del bautismo de una forma diferente. Habría conflicto dentro de la iglesia. Lamentablemente tendré que renunciar".

Estuvieron contentos porque tomé la iniciativa. Dije a mi esposa, cuando llegué a casa: "Vamos a perder mi trabajo, mi pensión y la casa, y no tengo nada más que ofrecerte". Nunca olvidaré lo que me dijo: "David, quiero estar casada con un hombre que obedezca a Dios".

Así fue la cosa. Y, sabe, en una semana estábamos estrenando una casa flamante y era el pastor de una iglesia bautista. Es una historia realmente asombrosa. Me di cuenta entonces que mi empleador no era la iglesia, sino el Señor, y que en realidad era él el que me pagaba, y era el que me conseguiría un trabajo. Y he estado trabajando para él desde entonces.

Entrevistador: *Usted mencionó que después de una semana se había unido a la iglesia bautista. ¿Cómo ocurrió todo eso? ¿Cómo se unió a ellos?*

David: Cuando me di cuenta de que no podía seguir siendo un ministro metodista a conciencia, tuve que decir: "¿A qué otra iglesia me uniré?". Y mi pregunta era: ¿cuál de todas las iglesias en Inglaterra está predicando y practicando el bautismo del Nuevo Testamento como lo entiendo ahora? Y no había ninguna.

Entrevistador: *¿Ninguna?*

David: ¡Ninguna! Era extraordinario. Se lo diré en un momento. Caían todas en dos grupos. Cada una estaba practicando alrededor de la mitad de toda la enseñanza del Nuevo Testamento sobre el bautismo, pero no el resto; diferentes mitades. La única denominación que encontré estaba en Estados Unidos, y se llama las Iglesias de Cristo o los Discípulos de Cristo. Ellos tienen una pocas y muy pequeñas sedes en Inglaterra, nada realmente. No había nada a lo cual unirse en Inglaterra. Así que miré a mi alrededor y dije: "Bueno, los bautistas por lo menos *practican* el bautismo del Nuevo Testamento de la forma en la que he llegado a creer. Tal vez no lo *prediquen*, pero entonces la ventaja de las iglesias bautistas era que cada iglesia es independiente y autónoma. No están bajo la autoridad de una sede central. Cada una tiene libertad para seguir el camino que le muestra el Señor". Pensé: "Tendré libertad para practicar el bautismo del Nuevo Testamento y, en esa iglesia, tendré libertad para predicarlo también, porque no imponen normas doctrinales desde arriba.

Entonces, dado que las iglesias bautistas son una denominación importante en Gran Bretaña y estaban felices de tenerme, el tema estaba solucionado. Ellos me reconocieron y comencé mi ministerio como pastor bautista. Cuando me preguntan hoy qué soy, contesto: "Soy un 'metobauticano', ¡porque la iglesia metodista me ordenó, la iglesia bautista me reconoció y dos obispos anglicanos quisieron imponerme las manos para mi ministerio!".

Pero ministro en todo lo que vaya de pentecostal a católico romano, con todo lo que hay en el medio.

Entrevistador: *Así es. Usted menciona mucho el término "bautismo del Nuevo Testamento". ¿Qué significa para usted?*

David: Lo más rápido que pueda. Ante todo, ciertamente significa *bautismo por inmersión*. La palabra griega misma, "baptizein", significa introducir un sólido en un líquido. Se usa para un barco que se hunde (no para un barco que es lanzado, sino un barco hundido; entonces es "bautizado"). O se usa al teñir lana, cuando uno introduce la lana en la tintura; eso es bautizar. La primera conclusión sencilla a la que llegué es que el bautismo es por inmersión. Y es interesante que aún todas las iglesias ortodoxas bautizan a los bebés por inmersión. Ellos conocen el significado de la palabra griega. Nunca significó rociar o humedecer. De hecho, el Nuevo Testamento dice claramente que Juan el Bautista bautizaba en un lugar llamado Enón, cerca de Salín, "porque allí había mucha agua". Cada bautismo en el Nuevo Testamento habla de alguien que baja al agua y sale del agua. Esa fue, entonces, la primera conclusión muy sencilla.

Pero luego encaré una cuestión mucho más importante. No *cómo* deberíamos bautizar de acuerdo con el Nuevo Testamento, sino *por qué*. Fue entonces que descubrí que el bautismo es, en esencia, una acción conjunta entre Dios y el hombre; que Dios hace cosas en el bautismo pero que el hombre también debe hacer cosas para el bautismo. Y lo que descubrí fue que la mayoría de las iglesias se dividen entre estos dos grupos. Por un lado, los que solo ven lo que Dios hace en el bautismo y ven que nada es necesario de parte del lado humano, con lo cual un bebé puede ser bautizado. El bebé no hace nada; Dios hace todo. Luego estaban, del otro lado, los pentecostales y los bautistas, y muchos de ellos ponen todo el énfasis en lo que el hombre hace en el bautismo: está obedeciendo al Señor, está testificando a los demás, una especie de "testimonio húmedo". Nunca escuché hablar a ningún bautista acerca de lo que Dios hace en el bautismo.

Entrevistador: *Escuché este término, que el bautismo es un "acto de obediencia". He escuchado que se usa mucho ese término.*

David: Por supuesto que lo es. Pero es mucho más que eso. Aquí estaban estos dos grupos. Los que bautizaban bebés y decían: "Dios hace todo esto", y los que bautizan a creyentes cuando ya son más o menos adultos, que obedecían o testificaban. Nadie estaba uniendo esos lados. Fue lo que encontré.

Resumamos lo que Dios hace en el bautismo del Nuevo Testamento. El Nuevo Testamento vincula el bautismo con lavar los pecados, con el perdón, con ser salvo, con nacer de nuevo ("nacer del agua y el Espíritu"), todo lo cual hace Dios. Pero luego noté en el Nuevo Testamento que el hombre necesita hacer algo también, porque si no lo hace no es el bautismo del Nuevo Testamento. Y encontré que siempre debían ocurrir cuatro cosas antes que un bautismo fuera válido, antes que alguien fuera elegible o estuviera calificado. Primero, necesitaba oír el evangelio. Eso es lo primero de todo. Necesitaba oír la buena noticia acerca de Jesús. Segundo, necesitaba creer la buena noticia, y creer como mínimo tres cosas. Que Jesús es el Hijo de Dios, que murió por nuestros pecados y que resucitó al tercer día. Así que primero tiene que oírlo, y segundo, tiene que creerlo. Tercero, arrepentirse de sus pecados, darse cuenta de que está del lado incorrecto de Dios. Realmente volver a pensar, confesarlos y darles la espalda; alejarse de ellos. El arrepentimiento es en el pensamiento, la palabra y la acción. Es algo realmente asombroso que uno hace. Y la cuarta cosa es que la persona invoque el nombre de Jesús.

Cuando Ananías, el anciano, fue a Saulo de Tarso después de encontrarse con Jesús en el camino a Damasco y quedar ciego por la luz de la gloria del Señor, le dijo: "Y ahora, ¿qué esperas? Levántate, bautízate y lávate de tus pecados, invocando su nombre". Cuando busqué estas cosas, todas ocurrían *antes* del bautismo en el Nuevo Testamento, no después. Siempre era: "Arrepiéntase y bautícese cada uno de ustedes…" "El que crea y sea bautizado será salvo". Siempre era en ese orden. La acción humana venía primero, y luego Dios actuaba en respuesta; nunca era en el orden inverso. Tuve que decir simplemente: "¿Puede un bebé hacer esas cuatro cosas? ¿Puede un bebé oír el evangelio? ¿Puede un bebé entenderlo y creerlo? ¿Puede un bebé arrepentirse? Nunca me encontré con nadie que bautiza bebés que diga que los bebés pueden arrepentirse. Aun cuando pudieran hacerlo, ¿de qué se arrepentirían? Los bebés aún no han pecado. Y, en cuarto lugar, invocar su nombre. Nunca escuché a un bebé hacer eso.

Entonces, muy sencillamente —es muy sencillo—, parecía completamente lógico que el bautismo del Nuevo Testamento no era de bebés y que la acción humana debía ocurrir primero. Luego alguien podía ser bautizado. Entonces Dios haría esas cosas maravillosas en el bautismo para esa persona.

Entrevistador: *Quiero tomar un punto. Escucho que se enfatiza muchas veces que es una obra de gracia que viene* *de Dios, que el bautismo es un don de gracia de Dios, y que Dios hace todo. Como usted dijo, es uno de los puntos de vista. Usted dijo que hay ciertos elementos que debemos hacer antes de ser bautizados. Pero, ¿no es eso enseñar la salvación por obras? Estoy seguro que muchas personas pensarán de esta forma.*

David: Bueno, ¿a qué nos referimos con la palabra "obras"? Si nos referimos a "buenas acciones", ¡de ninguna forma! No fue lo que dije. Si nos referimos a acciones de parte nuestra, ¡sí! Es que el problema es esta palabra, "obras". Las personas la usan mal. De hecho, mi Nuevo Testamento dice: "la fe por sí sola, si no tiene obras, está muerta". Eso está en Santiago 2, que Martín Lutero odiaba. Él decía que Santiago era una epístola de paja. Pero es parte de la Palabra de Dios. Yo lo traduciría así: "La fe sin acción está muerta. No puede salvar". La fe es algo activo que *hacemos*. El arrepentimiento es algo *activo* que hacemos. Si quiere, llámelo "obras", pero decir que es salvación por obras es una distorsión completa. El texto clásico para la salvación es: "Por gracia ustedes han sido salvados mediante la fe". La gracia es lo que Dios hace, y la fe es lo que hacemos nosotros. Ambos son esenciales. No somos salvados por nuestra fe. No somos salvados por lo que hacemos. Somos salvados *a través de* lo que hacemos. En otras palabras, no podemos ser salvados sin eso. Usted no puede ser salvado por gracia sin fe. La fe es nuestra parte y la gracia es la parte divina. Y, cuando creemos, la gracia salva. Dios siempre nos está contestando, y él quiere que demos esos pasos.

Tomemos otro tema que ya mencioné. Dios no puede perdonar a una persona que no se arrepiente primero. Esa es la enseñanza de la Biblia. No podemos perdonarnos unos a otros a menos que alguien se haya arrepentido. Jesús dijo: "Si tu hermano peca contra ti siete veces al día, perdónalo siete veces al día, si se arrepiente". La mayoría de las personas no han notado la frase final. Dios no puede perdonarme si no me arrepiento. Él espera que diga: "He pecado, dejaré de hacerlo, me estoy volviendo de eso, estoy renunciando a eso. Si es algo que puedo arreglar, lo arreglaré". Todo eso es arrepentimiento. Y Dios perdona cuando nos arrepentimos. Así que arrepentirse y creer son las cosas que hacemos para hacer posible que la gracia nos salve. Si uno llama eso salvación por obras es una equivocación total. Nunca se llama al arrepentimiento y la fe "obras" en el Nuevo Testamento. Son *acciones*, y son acciones que hacemos, pero no hacen que merezcamos la salvación y no dan la salvación, sino que hacen posible que Dios muestre su gracia hacia nosotros.

Pero muchos dirán: "Ah no, la gracia opera primero"; al revés. Pero mi Nuevo Testamento no dice eso. Dice que la gracia está disponible para todos, pero a menos que nos arrepintamos y creamos, esa gracia no sirve para nada.

Entrevistador: *Hablemos del bautismo de bebés entonces. ¿Por qué piensa usted que muchas iglesias tienen esta práctica?*

David: Una respuesta sencilla es: porque casi siempre se ha hecho. Se ha hecho durante muchísimo tiempo. Es una larga tradición histórica. No se retrotrae al Nuevo Testamento, pero se retrotrae muchos años, y ha sido pasado de una generación a otra, y aun dentro de familias. A menudo son los abuelos que quieren que los nietos sean bautizados, más que los padres, pero sigue siendo algo que es transmitido. Y, cuando preguntamos por qué se ha hecho, se dan diferentes razones. Se solía creer que el bebé iría al infierno si no era bautizado. Esa es una creencia malvada. Fue suavizada un poco en la Edad Media con la enseñanza de que los bebés no bautizados no irían al infierno, sino a otro lugar que no es tan malo, llamado *limbus infantum*, su nombre latino, o "limbo". Así que los bebés no bautizados iban al limbo.

Los padres que temían por sus bebés se apresuraban a hacerlos bautizar, lógicamente. Cuando se enseña eso, pone un verdadero temor del infierno en los padres. Ha sido suavizado aún más, y en la iglesia metodista lo hacían porque decían que era para mostrar que Dios ama al bebé antes que el bebé ame a Dios. Eso es una verdad, pero en mi Nuevo Testamento la intención del bautismo no era transmitir esa verdad. Esa es la justificación con la que me crie, que es para mostrar que Dios quiere que cada bebé sea de él. Pero para mí esa no es una razón suficiente, y no hay siquiera una razón del Nuevo Testamento para bautizar a un bebé.

Ha sido una larga tradición. Ha habido personas a lo largo de toda la historia de la iglesia que leyeron su Biblia y practicaron el bautismo de creyentes, pero frecuentemente son grupos muy pequeños, perseguidos por la iglesia mayor.

Entrevistador: *¿Así que usted dice que no fue solo un nuevo invento del siglo XV, en el tiempo de la Reforma, y que junto a Lutero y los demás reformadores de pronto aparecieron de la nada estos anabaptistas, sino que siempre ha estado ahí como parte de la historia de la iglesia?*

David: Tanto Lutero como Calvino mantuvieron la práctica de la iglesia romana de bautizar bebés, pero dado que Lutero había liberado la Biblia y la había traducido al alemán para que la gente pudiera leerla, cada vez más personas la leían. Debido a esto, un montón de personas que leían la Biblia restauraron el bautismo del Nuevo Testamento. Fueron llamados maliciosamente por las iglesias principales "anabaptistas", donde *ana* significa "dos veces" o "de nuevo". De modo que fueron llamados "bautizadores dos veces" o los "bautizadores de nuevo", que fue malvado, porque ellos estaban convencidos de que estaban bautizando por primera vez. Pero fue así. Y fueron perseguidos. Me temo que fueron perseguidos por las iglesias reformadas protestantes y sometidos a castigos terribles. Fueron ahogados. Me he parado en Zúrich, en Suiza, en la orilla del río donde bautistas fueron ahogados porque cuestionaban la práctica del bautismo de bebés. Fue uno de los rasgos tristes de la Reforma Protestante. Teníamos a protestantes ahogando a protestantes, que es algo extraordinario. Así que, cuando los católicos habían perseguido a los protestantes, ahora los protestantes estaban persiguiendo a su propia gente.

Pero todo eso es historia. Para mí, las escrituras son una autoridad mayor que la historia. Y lo era para Martín Lutero. Martín Lutero mismo, cuando descubrió la Biblia, cuando la descubrió realmente, comenzó a cuestionar muchas tradiciones que habían estado mucho tiempo en la iglesia. Cuando fue llevado a juicio por la transformación radical que estaba haciendo, dijo: "Mi conciencia está cautiva a la Palabra de Dios. Aquí estoy. No puedo hacer otra cosa". Luego fue secuestrado y, para su propia seguridad, oculto en un castillo. Pero estoy con Lutero ahí. Mi conciencia está cautiva a la Palabra de Dios, y aunque hayan bautizado bebés durante 1800 años, sigo diciendo que debo guiarme por lo que diga la Biblia. Fue mi estudio de la Biblia lo que me hizo cambiar de idea.

Entrevistador: *Entonces, ¿por qué cree que Lutero mantuvo originalmente la práctica de bautizar bebés?*

David: Es una pregunta complicada para contestar, pero creo que lo más sencillo que se puede decir es que fue porque mantuvo el concepto de la iglesia estatal. La iglesia y el estado habían estado entrelazados durante siglos en lo que se llamaba el Santo Imperio Romano, y la Reforma de Martín Lutero fue lograda esencialmente por el poder del estado, cuando persuadía a un estado a convertirse en protestante. Alemania estaba formada por muchos estados —Sajonia y todos sus pequeños estados—, y cuando el jefe de un estado se convertía en protestante, todo el estado debía hacerlo. Por lo tanto, la ciudadanía en el estado y la membresía en la iglesia eran prácticamente lo mismo. Uno nacía en ambos, y en realidad uno no puede tener una iglesia estatal que bautiza a creyentes. Es una contradicción. Si una iglesia estatal dijera alguna vez: "Solo bautizaremos a los que creen en Jesús", dejaría de ser una iglesia estatal, porque no todos traerían sus bebés para ser bautizados. Por lo tanto, el bautismo de bebés y las iglesias estatales van de la mano. Lutero nunca reformó la iglesia estatal convirtiéndola en una iglesia libre. ¿Qué ocurrirá en el siglo XXI? Las iglesias estatales morirán de todas formas. Están en retirada en todas partes.

Entrevistador: *Es una afirmación osada.*

David: Sí, pero serán reemplazadas. Algunas de las iglesias de la iglesia estatal sobrevivirán y crecerán, pero serán iglesias libres, como todas las demás iglesias libres. Eso no significa que todas las iglesias estatales desaparecerán, pero las que sobrevivan serán iglesias más libres, y no dependerán del estado para recibir apoyo económico u otras cosas.

Entrevistador: *¿Por qué lo dice? ¿En qué basa esta idea de que están en retirada?*

David: Simplemente en estadísticas. La Iglesia de Inglaterra está perdiendo 1000 personas cada semana. Es una iglesia estatal. Hay algunas iglesias anglicanas que están florecientes, pero el cuadro general es que está en retirada. Son las iglesias libres las que están creciendo, iglesias que son independientes del estado y que tienen que buscar sus propios recursos.

Entrevistador: *No nos queda mucho tiempo, pero todavía me gustaría preguntarle: ¿Puede el bautismo de bebés ser apoyado por la Biblia, en su opinión?*

David: Tendremos otra charla, ¿no es así? Creo que preferiría dejar esa pregunta para la próxima charla, porque requerirá bastante tiempo.

Entrevistador: *Así es. Bueno, ¿piensa que está mal bautizar bebés? En su opinión.*

David: Sí. Esa es mi respuesta sencilla. Creo que es dañino. Puedo empezar con una estadística, porque un hecho vale por muchas opiniones. Aquí, en Finlandia, más de 90% de las personas han sido bautizadas de bebés. Menos de 3% están en la iglesia. ¿Qué ha salido mal? Para decirlo muy sencillamente, no parece haber echado raíz. No parece haber funcionado. Está robándole la experiencia y el recuerdo del bautismo, que significa tanto para las personas que han sido bautizadas y lo saben, las que han sido sumergidas de manera voluntaria y consciente en el nombre de Jesús. Uno nunca lo olvida. Es robar a miles de personas de esa experiencia. Es decirles: "No puede tenerlo ahora porque ya alguien decidió por usted cuando era un bebé, así que no lo puede tener ahora". Esto causa una tensión inmensa en muchas personas. Pero el mayor daño que hace es decir a las personas algo que no es verdadero. Es decir que uno es un cristiano porque fue bautizado de bebé. Usted ha sido salvado, ha sido perdonado, pertenece a Cristo, cuando realmente no es así. Y esa es una falsa seguridad que tarde o temprano aparecerá.

Entrevistador: *Estas cosas que usted nos está diciendo son muy interesantes, pero lamentablemente se nos está acabando el tiempo, así que tenemos que terminar aquí. Pero con todo gusto tenemos otro programa sobre el mismo tema, y podemos seguir desde aquí donde lo dejamos. Muchas gracias por su enseñanza, Sr. Pawson. Estamos contentos de tenerlo aquí. Gracias.*

LA SEGUNDA ENTREVISTA

Entrevistador: *Hola, Sr. Pawson. Le damos una cálida bienvenida al segundo programa sobre el bautismo. Nos complace tenerlo aquí otra vez para discutir este tema vital. La última vez consideramos su historia personal y el hecho de que fue bautizado de bebé, pero luego llegó a cambiar de idea. También hablamos de los requisitos del bautismo del Nuevo Testamento, y luego tocamos un poco la historia del bautismo de bebés. Ahora me gustaría meternos directamente en ese tema y preguntarle: ¿puede ser apoyado por las escrituras el bautismo de bebés?*
David: Antes de meternos en esa cuestión tan importante, me gustaría agregar un poco acerca de la historia. Los que bautizan bebés admiten francamente que su principal argumento para hacerlo proviene de la historia, más que de las escrituras. Se retrotrae muchos años, al siglo II. Pero me gustaría señalar que fue también en ese tiempo que el bautismo hizo otra cosa inusual. No solo fue retrotraído al nacimiento del bebé, sino fue llevado adelante a la muerte de la persona. En el siglo II tuvieron estos dos sucesos inusuales: bautizar a alguien al nacer o posponer el bautismo hasta la muerte. Creo que había un pensamiento erróneo detrás de estos dos sucesos. La idea de la conversión en el lecho de muerte era que uno no debía pecar después del bautismo, para no deshacerlo todo. De modo que uno esperaba hasta el último momento de la vida para que la persona no pudiera volver a pecar, y entonces era bautizada. Fue lo que ocurrió con Constantino en un siglo posterior.

La mayoría de los "bautizadores de bebés" (y prefiero el

término "bebés" a "infantes", porque este último cubre un mayor tiempo posterior) toman su principal argumento de la historia. Pero sería maravilloso si pudieran encontrar un argumento de las escrituras también. Fortalecería inmensamente su caso.

Entrevistador: *Quiero volver al siglo II. Usted está diciendo que ya, tan atrás como el segundo siglo, algunos elementos extraños entraron en la iglesia, y no podemos simplemente tomar sus ejemplos para justificar una posición específica.*
David: No, hubo varios cambios importantes durante ese período que denominamos de los Padres de la Iglesia, en los primeros siglos. Por ejemplo, el mayor cambio fue pasar de muchos obispos en una iglesia a muchas iglesias para un obispo. Ese fue un cambio enorme en la estructura. La iglesia se volvió más jerárquica y con una estructura más piramidal. Hubo muchos acontecimientos en ese tiempo que creo que eran contrarios a las escrituras, y el bautismo de bebés fue uno de ellos. No obstante, desde entonces ha habido un fuerte deseo de encontrar una base bíblica para esto también, porque para todos los cristianos la Biblia tiene una autoridad única, y si uno pudiera encontrar el bautismo de bebés en alguna parte de las escrituras, pondría fin al asunto para muchos.

Debemos mirar algunas de esas escrituras que fueron usadas. Ahora, tome en cuenta que en esos primeros tiempos de la iglesia ellos no tenían todo el Nuevo Testamento. Tenían la enseñanza verbal de la doctrina de los apóstoles, pero aún no había sido puesto por escrito. Así que la Biblia de la iglesia primitiva era el Antiguo Testamento. Esas eran las escrituras para ellos, y por supuesto que cada vez que los apóstoles del Nuevo Testamento dicen "de acuerdo con las escrituras", se están refiriendo al Antiguo Testamento. Y en el Antiguo Testamento los pactos que hizo Dios eran con toda una nación, todo un pueblo, incluyendo los niños, incluyendo los bebés, porque sus pactos fueron hechos con Israel; no con los israelitas, sino con Israel. Fueron hechos no con judíos individuales sino con toda la nación, que incluía bebés. Así que las promesas del pacto que Dios hizo en el Antiguo Testamento incluían a bebés. Eso es cierto.

El primer argumento de las escrituras que se usó para justificar el bautismo de bebés era que en el pacto antiguo circuncidaban a bebés, y en el nuevo pacto bautizamos a bebés. Hay un paralelo exacto entre la circuncisión en el pacto antiguo y el bautismo en el nuevo. Ese argumento sigue siendo usado, especialmente porque hay un pasaje en el Nuevo Testamento que usa las palabras "circuncidar" y "bautizar" juntas: Colosenses 2:11-12. Y basándose en esos únicos versículos las personas han dicho: "Ahí lo ven: el bautismo y la circuncisión son la misma cosa o cosas muy parecidas. Una equivale a la otra". La palabra que suele usarse es "paralelos". Pero, de hecho, cuando uno lee esos versículos con cuidado, es todo lo contrario. Pablo está diciendo que no es la circuncisión de la carne, que es la circuncisión de adentro, no afuera del cuerpo. Es una circuncisión del corazón que quita la carne vieja o la vieja naturaleza. Esa es la circuncisión de Cristo. De eso está hablando. Sorprendentemente, aun en el Antiguo Testamento los profetas decían: "Ustedes tienen la circuncisión del cuerpo, pero necesitan la circuncisión del corazón. Necesitan cortar algo del corazón". De modo que aun el Antiguo Testamento hablaba de una diferente clase de circuncisión, y Colosenses 2:11-12 habla del bautismo en el contexto de esa diferente clase de circuncisión que es interna, no externa. Así que esos versículos no apoyan un paralelo. Pero otra cosa que quiero decir sobre este tema es que la mayor controversia en el Nuevo Testamento fue sobre la circuncisión: si los creyentes gentiles que no eran judíos y llegaban a creer en el Mesías judío debían ser circuncidados. Pablo luchó con uñas y dientes contra la idea de que los gentiles cristianos debían circuncidarse. La razón por la cual lo enseñó fue ésta. Él decía que si uno se sometía a eso se estaba sometiendo a todas las leyes de Moisés. Tendría que guardarlas a todas. Si uno se convertía en judío, tenía que guardar las leyes judías. De modo que luchó por nuestra libertad de la circuncisión. Y en toda la controversia, que fue el tema del concilio de Jerusalén en Hechos 15, y el tema de toda la carta de Pablo a los Gálatas, en todo el argumento nadie pensó: "No necesitamos la circuncisión porque tenemos el bautismo". Nadie pensó en hacer un paralelo entre ambos, que habría puesto fin a la discusión. Lo cual me muestra que nunca pensaron en la circuncisión y el bautismo en la misma luz. Ese era el argumento para el bautismo de bebés del Antiguo Testamento. Pero ha habido muchos intentos de encontrar justificación en el Nuevo Testamento. Ahora bien, todos los bautizadores de bebés reconocen francamente que no hay ninguna mención específica del bautismo de bebés en el Nuevo Testamento. No hay ningún versículo que diga: "Esta persona y su bebé fueron bautizados". Ni hay un solo mandamiento en el Nuevo Testamento que diga específicamente: "Bauticen a sus bebés". Lo reconocen con franqueza. Pero es lo que llamamos un argumento desde el silencio, lo cual significa argumentar a partir de lo que la Biblia no dice, en vez de lo que la Biblia dice. Y un argumento a partir del silencio funciona en ambos sentidos. No dice que bauticen a los bebés, pero eso no implica que uno no lo haga. No dice que un bebé fue bautizado, así que ¿cómo sabe que el bebé no fue bautizado? Es que un argumento desde el silencio es algo muy peligroso. En realidad, lo mejor es no usarlo. Así que yo no lo uso. Yo argumento a partir de lo que dice la Biblia.

Hay varias formas en que los bautizadores de bebés citan ciertos textos de las escrituras. Una es lo que Jesús dijo acerca de los niños, y lo que hizo con los niños: "Dejen que los niños vengan a mí… y después de abrazarlos, los bendecía poniendo las manos sobre ellos" y "a menos que ustedes cambien y se vuelvan como niños, no entrarán en el reino de los cielos". Quiero señalar que "niño" no es "bebé". Él no dijo que a menos que nos volviéramos como bebés no podríamos entrar en el reino. "A menos que se vuelvan como niños". Es una gran diferencia. Un niño es consciente, un niño puede tomar decisiones, un niño puede hacer cosas. Cuando dice que trajeron niños a Jesús y los discípulos dijeron: "No, no, él no tiene tiempo para los niños", Jesús dijo: "Dejen que vengan los niños". No dice que las madres llevaron bebés. Dice que los padres trajeron a los niños. Todos piensan que fueron las madres que trajeron a los niños, pero no fue así. Dice "padres". Es masculino. Estos padres trajeron a los niños a Jesús para que los bendijera, y Jesús los bendijo. Jesús puede bendecir niños, y yo le pedí que bendijera a mis hijos. Lo que no hizo fue bautizarlos. No dijo a los discípulos: "Bautícenlos, porque de los tales es el reino de los cielos". Los bendijo; no los bautizó. Y eran niños, no bebés.

De modo que usar esas escrituras para apoyar el bautismo de bebés es ir realmente más allá de lo que dicen.

Entrevistador: *Estaba por decir: ¿Y cuando la Biblia, en Hechos, habla especialmente de casas que fueron bautizadas, que entiendo que eran bastante grandes en esos días? ¿No fue bautizado ningún bebé? Dice que la casa fue bautizada.*

David: Es correcto. Bueno, hay dos cosas que pueden decirse de eso. Hubo cinco casas que fueron bautizadas. Yo he bautizado casas.

Entrevistador: *¿En serio?*

David: La palabra "casa" no significa "familia". Es una palabra diferente. Es una palabra mucho más grande que nuestra palabra "familia". Nosotros pensamos en una familia como padre, madre, dos hijos y un perro. Es lo que pensamos que es una familia. Tenemos una noción muy reducida de la familia, de todos modos, pero una "casa" incluye a los sirvientes y esclavos. Significa literalmente todos los que viven bajo un techo. Cuando completamos los formularios para el censo de población en Gran Bretaña, se usa la palabra "casa". Quieren saber quiénes son todos los que están en la casa, que no significa necesariamente familiares. Podrían ser amigos, o un huésped. En esos días incluía, por supuesto, a los esclavos. Eso es lo primero. No dice que fueron bautizadas familias, sino casas.

En segundo lugar, cuando uno lo estudia con cuidado, encuentra que se dicen algunas otras cosas acerca de la casa, además del hecho de que todos fueron bautizados. Por ejemplo, en el caso del carcelero de Filipos, en Hechos 16 (es un ejemplo). Léalo cuidadosamente. Dice: "Luego les expusieron la palabra de Dios a él y a todos los demás que estaban en su casa", lo cual significa que Pablo pudo predicar a todos en esa casa. Cuando uno estudia la otra situación, encuentra lo mismo. Lidia, una empresaria, tal vez no haya estado casada, pero tenía personal. Tenía sirvientes, y de hecho ocurrió en una reunión de oración, junto al río, de mujeres. No dice "niños" tampoco. Había una reunión de oración y un grupo de mujeres se reunió para orar, y Pablo las bautizó a la orilla del río.

Entrevistador: *¡Ahí mismo!*

David: Sí, léalo, y estaban todas orando. Nuevamente, en el caso de Cornelio, ocurre lo mismo. Pedro estaba predicando y el Espíritu Santo vino sobre todos los de la casa. Dice que todos los que estaban escuchando fueron llenos del Espíritu y entonces Pedro dijo: "¿Acaso puede alguien negar el agua para que sean bautizados estos que han recibido el Espíritu Santo?".

Entrevistador: *¿Así que solo los que recibieron el Espíritu fueron bautizados?*
David: Así es. De modo que cuando uno estudia, es solo un reclamo superficial el que dice: "Hubo casas bautizadas, así que nosotros también deberíamos hacerlo". Todos bajo un techo escucharon la palabra, y esto se retrotrae a algo que dije antes: escuchar el evangelio y recibirlo es necesario antes del bautismo, y en el caso de esas casas, existía esa necesidad. Eran personas conscientes, capaces de escuchar y recibir lo que Pablo estaba diciendo, y entonces los bautizó. Pedro hizo lo mismo, después que hubieran escuchado el mensaje y lo hubieran recibido. Y, en el caso de Cornelio, después que hubieran recibido el Espíritu Santo también. Se cumplieron estas condiciones preliminares antes de bautizar las casas. He tenido unos hermosos bautismos de hogares donde todos en una casa se han convertido en cristianos y los he bautizado a todos. Así que creo en los bautismos de casas. Pero hay otro texto en Hechos que necesita ser considerado. En el día de Pentecostés, después que Pedro predicó y las personas se estaban sintiendo tan culpables, dijeron: "¿Qué haremos?" o "¿Qué debemos hacer?". Pedro dijo: "Arrepiéntase y bautícese cada uno de ustedes en el nombre de Jesucristo para perdón de sus pecados, y recibirán el don del Espíritu Santo… la promesa es para ustedes, para sus hijos…" Esto ha sido tomado por muchos bautizadores de bebés y dicen: "Ahí está: *para sus hijos*". Lamentablemente, no citan el resto del versículo, que agrega inmediatamente: "para todos aquellos a quienes el Señor nuestro Dios quiera llamar". Dicho sea de paso, la promesa no es el bautismo en agua, sino *el bautismo en el Espíritu Santo*. Esa es la promesa, y la promesa de recibir el Espíritu Santo es "para ustedes, para sus hijos y para todos los extranjeros, es decir, para todos aquellos a quienes el Señor nuestro Dios quiera llamar". Así que tienen que ser hijos que escuchan el llamado. No

solo eso, sino Pedro ya ha dicho: "todo el que invoque el nombre del Señor será salvo". Por lo tanto, la palabra "hijos" debe ser calificada por dos llamados: todos los que llame el Señor y todos los que lo invoquen a él. Todos sus hijos que el Señor llame y lo invoquen a él serán salvos y recibirán la promesa del Espíritu Santo.

Nuevamente, cuando uno no se limita a citar un verso fuera de contexto, sino lo mira detenidamente, no dice, en realidad, lo que la gente quiere que diga.

Tenemos, entonces, la idea del pacto del Antiguo Testamento de que los bebés están incluidos. *Estaban* incluidos. Abraham y sus hijos y sus bebés, estaban todos incluidos. Los bebés eran circuncidados. Pero, el nuevo pacto, que es el pacto en el cual estamos incluidos, en el Nuevo Testamento, es fuertemente individualista. Esto resulta una sorpresa para algunos. Los viejos pactos eran colectivos. Eran para una nación, para todos los que estaban en ella. El nuevo pacto está dirigido muy definitivamente a individuos.

En Jeremías 31, donde fue anunciado por primera vez, dice: "Y cada uno me conocerá de primera mano". ¡Cada uno! Y a lo largo del Nuevo Testamento, la enseñanza del evangelio, la predicación del evangelio está dirigida a individuos, no familias. Ya he citado un caso. Escuche esto. Cuando dijeron: "Pedro, ¿qué haremos?", él dijo: "Arrepiéntase y bautícese cada uno de ustedes..." Ese es el llamado del evangelio. En el día del juicio no podremos responder por ninguna persona salvo nosotros; no por nuestra familia, no por nuestros hijos, no por nuestros padres. En el día del juicio, compareceremos ante Dios solos, y en el día de salvación estamos solos. Cada uno es responsable de su relación con Dios. Es algo muy individual, y todos los evangelistas apelan a individuos. Cada uno debe arrepentirse y creer. Este es el énfasis a lo largo de todo el nuevo pacto.

El nuevo pacto no es hecho con familias, no es hecho con naciones. Es realizado con cada criatura que ha hecho Dios, y cada persona debe responder por sí misma y nadie más. Usted no puede hacer que sus hijos sean cristianos. Ojalá uno pudiera. No puede hacerlo. Ellos deben acudir a Cristo por sí mismos. En realidad, usted no puede ser responsable de nadie ante Dios. Puedo hacer todo lo posible para ayudar a que alguien sea salvo, pero yo no puedo decidir que otra persona sea salva, ni siquiera mis propios hijos.

Entrevistador: *Pero he oído muchas veces a personas que enseñan el bautismo de bebés decir que es posible que un bebé crea y, en un sentido, ¿quién puede decir que un bebé no puede creer? ¿Hay alguna evidencia escritural de que un bebé no puede creer?*

David: Es interesante que Martín Lutero defendía el bautismo de bebés diciendo: "¿Quién puede probar que un bebé no puede creer?". Solo quiero contestar eso diciendo: "¿Quién puede probar que un bebé sí puede creer?". En el Nuevo Testamento creer no es una confianza instintiva. Es una respuesta mental además de la respuesta del corazón y de la voluntad. Es una respuesta mental a un mensaje. Es una respuesta al evangelio. Y, por lo tanto, en Romanos 10, Pablo lo deja muy claro: "¿Y cómo creerán en aquel de quien no han oído? ¿Y cómo oirán si no hay quien les predique?". En otras palabras, la fe del Nuevo Testamento no es una confianza instintiva sin contenido. Es la respuesta a un mensaje. Por lo tanto, ¿cómo puede un bebé creer sin oír? Es imposible. Y, por supuesto, eso tendrá un efecto sobre nuestra evangelización.

Entrevistador: *Así que uno necesita oír para creer, y quiero hablar de la evangelización. Pero antes de eso, hay una cosa más. Estamos hablando mucho acerca del Espíritu Santo, el bautismo del Espíritu Santo. Y a veces he oído a muchas personas decir que, cuando somos bautizados en* *el Espíritu Santo, recibimos el Espíritu Santo.* ¿Acaso no vincula *la Biblia el bautismo, el Espíritu Santo y la recepción del Espíritu Santo?*

David: En todos estos son intentos por justificar el bautismo de bebés a partir de las escrituras, se están confundiendo dos cosas que son completamente diferentes. Se confunde la circuncisión y el bautismo. Se confunden los bebés y los niños. Se confunden casas y familias. Esta confusión es muy habitual, y es creer que el bautismo en agua y el bautismo en el Espíritu son lo mismo. Son cosas muy diferentes en el Nuevo Testamento. Nunca ocurren al mismo tiempo. Ocurren muy cerca entre sí o aun muy separados, y uno puede ocurrir antes que el otro o el otro antes que el primero. Pero siempre son distintos. Lo fue para Jesús mismo. Descendió al Jordán y fue bautizado en agua, y dice que salió del agua y oró y el Espíritu Santo descendió como una paloma sobre él. En cada uno de los demás casos, el bautismo en agua y el bautismo en el Espíritu Santo son cosas muy distintas. Pueden ocurrir cerca entre sí, uno después del otro o al revés, o pueden ocurrir separados por meses.

En Hechos 8 la gente de Samaria se arrepintió, creyó, fue bautizada en agua y se regocijó, y toda la ciudad se llenó de alegría. Un evangelista moderno estaría encantado y diría: "Mi tarea ha concluido". ¡No hacían eso en esos días! Los apóstoles descendieron rápidamente desde Jerusalén porque ninguno había recibido el Espíritu Santo. Hubo un intervalo considerable en el medio. Lo mismo ocurrió en Éfeso, en Hechos 19. Habían sido bautizados en agua. Pablo se enteró que solo habían sido bautizados en el agua de Juan, por así decirlo, y no en el nombre de Jesús, así que procedió a bautizarlos en el nombre de Jesús. Luego impuso manos sobre ellos y oró, y el Espíritu Santo vino sobre ellos.

Aquí tenemos dos bautismos que necesita todo cristiano: uno en agua, uno en Espíritu. Yo creo que Juan 3:5 se refiere a estos dos bautismos. Esta es una traducción literal: "A menos que un hombre nazca de nuevo fuera del agua…" —la palabra "fuera" raramente es citada— "y fuera del Espíritu…" Para nacer fuera del agua y fuera de Espíritu, uno necesita ser sumergido en agua y en Espíritu.

Desde el principio de los Evangelios, los cuatro Evangelios diferenciaban entre el bautismo en agua y el bautismo en Espíritu.

Los cuatro Evangelios citan a Juan cuando dijo: "Yo los bautizaré en agua, pero hay alguien que viene después de mí que los bautizará en el Espíritu". Un ser humano puede bautizarme en agua, pero solo Jesús mismo puede bautizarme en el Espíritu Santo. Así que tengo que ir a dos personas diferentes para las dos cosas. Está ahí desde el inicio mismo de cada Evangelio. Juan dijo: "Yo solo puedo bautizarlos en agua. Pero necesitarán algo más que eso".

Una de las razones por las que lo dijo es ésta: el bautismo en agua trata principalmente con el *pasado* de la persona. No cambia su *futuro*. Lava el pasado, sepulta el pasado, le da un nuevo comienzo. Hay otra escritura, en 1 Pedro 3, donde Pedro dice: "El bautismo los salva ahora, no lavando la tierra de su cuerpo…"

Entrevistador: *Así que significa que realmente lo lava físicamente. ¿Cree que significa eso?*

David: Sí. Pedro está hablando del bautismo en agua, y dice que el bautismo lo salva ahora, no lavando la tierra de su cuerpo sino como una apelación a Dios para una conciencia limpia. En otras palabras, Dios quiere que comencemos la vida cristiana limpia, con una conciencia limpia, sin nada en nuestra conciencia, y lo hace en el bautismo. Mientras el cuerpo está inmerso en el agua Dios está lavando el interior y limpiándonos.

Entrevistador: *Fue bueno que lo mencionara. Quiero pasar ahora a un tema como la evangelización. Pero cuando* *pienso en la evangelización por supuesto pienso en la Gran Comisión, y cuando pienso en la Gran Comisión pienso de pronto: ¿no se les ordenó a los discípulos bautizar primero y luego enseñar? ¿No es esto un ejemplo de Jesús dando básicamente una posibilidad de bautizar bebés antes y enseñarles después?*

David: Mirémoslo con mayor detenimiento. Él no dijo que los bautizaran y predicaran.

Entrevistador: *Así es.*

David: Hay una gran diferencia entre predicar y enseñar en el Nuevo Testamento. Predicar es compartir el evangelio. Enseñar es ayudar a las personas a vivir la vida cristiana. No dice: "bautizándolos y luego predicándoles el evangelio", sino: "bautizándolos y enseñándoles a hacer todas las cosas que les he dicho". Porque, después del bautismo, necesitamos instrucción sobre cómo vivir la vida cristiana. Eso no es acerca de predicar el evangelio. Tome el final del Evangelio de Marcos: "prediquen el evangelio a toda criatura. El que crea y es bautizado será salvo". Ése es el orden. La predicación viene antes del bautismo. La enseñanza viene después, y la enseñanza no es predicación.

Entrevistador: *Es la evangelización.*

David: Correcto. Hablemos de eso.

Entrevistador: *¿Cuáles son los efectos de esta enseñanza de usted y también del bautismo de bebés? ¿Cuáles son los efectos de todo esto en la evangelización?*

David: Lo primero que quiero decir es que el bautismo ha sido desplazado de un contexto de evangelización, que tiene en el Nuevo Testamento, a un contexto de membresía de la iglesia, y es visto hoy no tanto como una respuesta al evangelio como una admisión a la iglesia. ¿Se da cuenta a lo que me refiero?

Entrevistador: *Sí.*

David: En el Nuevo Testamento, su contexto es la

evangelización. Ahora se ha convertido en un asunto de membresía de la iglesia. Creo que tenemos que volver a ponerlo en la evangelización. Primero, por la razón muy sencilla de que ésta es la forma de la Biblia de aceptar el evangelio. Como lo hemos movido a la membresía bíblica nos queda un vacío en la evangelización. ¿Qué decimos que haga la gente? ¿Se da cuenta? Hemos creado un montón de cosas, la mayoría de las cuales solo comenzaron en Estados Unidos en el avivamentismo del siglo XIX, como: "Levante la mano, pase al frente, firme una tarjeta de decisión". Ninguna de estas cosas aparece en el Nuevo Testamento. Son todos sustitutos del bautismo. En el Nuevo Testamento, cuando uno predicaba el evangelio como lo hizo Pedro en el día de Pentecostés y la gente decía: "¿Qué debemos hacer al respecto?", él decía: "Arrepiéntanse y bautícense". Anhelo escuchar a un evangelista moderno citar ese versículo, Hechos 2:38: "Arrepiéntase y bautícese cada uno de ustedes en el nombre de Jesucristo para perdón de sus pecados, y recibirán el don del Espíritu Santo".

Ese era el llamado, y era un llamado muy definitivo. Sabían exactamente lo que tenían que hacer, y note que debían demostrar arrepentimiento antes que pudieran ser bautizados. Es que las personas piensan que el arrepentimiento es solo decir: "Lo lamento". Usted conoce la "oración del pecador", "Señor, me arrepiento de mis pecados". ¡Eso no es arrepentimiento! No se parece en nada al arrepentimiento. Aquí hay un versículo que nunca escuché que alguien predicara sobre él. Es un versículo que comienza: "No fui desobediente a esa visión celestial". Estoy seguro que usted habrá escuchado ese versículo. Todo predicador lo ha usado. Ninguno cita el texto completo. Pablo dice: "No fui desobediente a esa visión celestial, sino…" ¿Qué hizo? Aún no he encontrado a un cristiano que pueda decirme el resto del texto. Dice: "prediqué a los gentiles que se arrepintieran y se convirtieran a Dios, y que demostraran su arrepentimiento con sus buenas obras".

Entrevistador: *Es cierto.*

David: Y alguien dirá que la salvación es por obras. ¡De ninguna manera! Demostrar su arrepentimiento por sus obras. Yo digo a las personas que yo no bautizo a alguien ahora por la profesión de fe sino por la prueba de arrepentimiento, lo cual es una conmoción para muchos. Nunca han tenido que demostrar su arrepentimiento por sus obras. Una evangelización que dijera eso sería completamente diferente. Nunca he escuchado a un evangelista usar ese pasaje, Hechos 2:38-39. ¡Nunca! Y, sin embargo, fue lo que dijo el apóstol. Lo llamamos el "paquete de Pedro". Algunos evangelistas que conozco de hecho están usando el paquete de Pedro y están diciendo: "Arrepiéntanse y sean bautizados, cada uno de ustedes, para el perdón de pecados". Esa es la forma bíblica de responder al evangelio cuando uno lo escucha. Inventamos tantas otras formas porque hemos movido el bautismo a la membresía de la iglesia, fuera de la evangelización. Pero debemos seguir las órdenes de Jesús. Él dijo: "Vayan y hagan discípulos de todas las naciones, bautizándolos y luego enseñándoles a hacer todo lo que les he dicho". ¿Lo ve?

Pero hay otra forma en la que está afectando la evangelización. Cuando uno está tratando de evangelizar en un país que ha tenido una iglesia estatal, en la que todos han sido bautizados de bebés, realmente se enfrenta a algo, porque se encuentra ante el sentimiento: "¡Oh! Pero yo fui bautizado de bebé. Estoy bien. Soy un cristiano. Iré al cielo. Formo parte de una iglesia. ¿Cómo se atreve a venir a decirme que soy un pecador y necesito salvación?". Hay una inmunización inherente contra el evangelio, y es realmente difícil. Es más fácil en una situación completamente pagana, porque la gente sabe que no es cristiana. Sabe que es pecadora. Sabe que es mala. Hace que la evangelización sea muy difícil, y se vuelve una especie de contradicción. Está diciendo a la gente que no es lo que pensaba que era. Está diciendo: "No son cristianos aún, así que acepten a Cristo". "Pero yo soy un cristiano. ¡He sido bautizado!".

Entrevistador: *¿Cree usted que una persona que no ha sido bautizada como creyente está perdiendo algo?*

David: Sí. Conozco a muchos cristianos que no toman la Cena del Señor, no comen el pan ni toman el vino como el Jesús nos dijo que hiciéramos, principalmente en el Ejército de Salvación. Pero hay otros cristianos que conozco que nunca la toman. Si alguien me pregunta: "¿Están perdiendo algo?", digo: "Por supuesto que sí. Jesús no nos ordenaría hacer algo que fuera innecesario, y fue él quien nos ordenó tomar pan y vino". Fue él quien nos ordenó ser sumergidos en agua. No puedo pensar que Jesús lo estuviera haciendo como una especie de extra opcional. Cuando Jesús me dice que haga algo, lo hago. Y, si no lo hago, me perderé algo.

Ahora bien, creo que lo que puede estar detrás de la pregunta queda revelado cuando la gente luego dice: "¿Está diciéndome que no iré al cielo a menos que me bautice? ¿Está diciéndome que no puedo ser salvo sin el bautismo?". El problema es que cuando las personas piensan en la palabra "salvo", piensan inmediatamente en la próxima vida, el cielo y el infierno. Jesús no vino para salvarnos del infierno; ese es una bonificación adicional. Dice: "Le pondrás por nombre Jesús, porque él salvará a su pueblo de sus pecados". Lamentablemente, la mayoría de las personas quiere ser salvada del infierno, no de sus pecados. El bautismo es para ayudarnos a ser salvados de nuestros pecados, dándonos una conciencia limpia con la cual empezar. Y si las personas quieren ser salvadas de sus pecados, de *todos* ellos, entonces necesitan el bautismo. Pero cuando se tuerce el tema para decir: "¿Significa que no iré al cielo hasta que sea bautizado?", ha puesto la pregunta en el contexto equivocado.

Entrevistador: *Hemos hablado de temas doctrinales, hemos hablado de iglesias, hemos hablado de diferentes ritos y cosas, pero ¿qué tiene que ver todo eso con Jesús? ¿Puede terminar con esa pregunta?*

David: Ni siquiera lo trataríamos si no fuera por Jesús. Fue Jesús quien lo ordenó, y no solo nos dio una orden de hacerlo —y si digo que soy un seguidor de Jesús y no hago lo que él dice soy una contradicción viviente—, sino que nos dio también un ejemplo. Si había una persona que no necesitaba ser bautizada era Jesús. Si había una persona que no necesitaba ser limpiada era Jesús. Juan el Bautista dijo a su primo Jesús: "¿Tú vienes a mí para ser bautizado? Yo debería ser bautizado por ti". Lo cual dice que el hombre que bautizó a Jesús no había sido bautizado. ¿No es asombroso? Porque no es la persona que bautiza la que importa, sino el bautismo. Pero para Jesús no fue una limpieza. ¿Qué fue? Él dijo: "Está bien que hagamos lo que está bien". Por lo tanto, nos dio un ejemplo, y si alguien dice seguir a Jesús dice: "No lo necesito", simplemente no sé cómo puede decir eso. Si él necesitaba hacer lo que estaba bien, yo también. He seguido a Jesús y he sido bautizado de la forma que creo que él quiso que lo hiciera, según se enseña claramente en el Nuevo Testamento.

Entrevistador: *Muchas gracias, Sr. Pawson. Creo que estas palabras fueron una buena forma de terminar la discusión. Creo que su enseñanza profunda ha sido muy útil para muchos. Muchas gracias por estar con nosotros y estar aquí en Finlandia como una bendición.*

David: Gracias.

ACERCA DE DAVID PAWSON

David es un orador y autor con una fidelidad intransigente a las Sagradas Escrituras, que trae claridad y un mensaje de urgencia a los cristianos para que descubran los tesoros ocultos en la Palabra de Dios.

Nació en Inglaterra en 1930, y comenzó su carrera con un título en Agricultura de la Universidad de Durham. Cuando Dios intervino y los llamó al ministerio, completó una maestría en Teología en la Universidad de Cambridge y sirvió como capellán en la Real Fuerza Aérea durante tres años. Pasó a pastorear varias iglesias, incluyendo Millmead Centre, en Guildford, que se convirtió en modelo para muchos líderes de iglesia del Reino Unido. En 1979 el Señor lo llevó a un ministerio internacional. Su actual ministerio itinerante está dirigido principalmente a líderes de iglesia. David y su esposa Enid viven actualmente en el condado de Hampshire, Inglaterra.

A lo largo de los años ha escrito una gran cantidad de libros, folletos y notas de lectura diarias. Sus extensas y muy accesibles reseñas de los libros de la Biblia han sido publicadas y grabadas en "*Unlocking the Bible*" (*Abramos la Biblia*). Se han distribuido millones de copias de sus enseñanzas en más de 120 países, proveyendo un sólido fundamento bíblico.

Es considerado como "el predicador occidental más influyente de China" a través de la transmisión de su exitosa serie "*Unlocking the Bible*" a cada provincia de China por Good TV. En el Reino Unido, las enseñanzas de David se transmiten habitualmente por Revelation TV.

Incontables creyentes de todo el mundo se han beneficiado también de su generosa decisión en 2011 de poner a disposición sin cargo su extensa biblioteca audiovisual de enseñanza en www.davidpawson.org. Hemos cargado también hace poco todos los videos de David a un canal dedicado en **www.youtube.com**

VEA EN YOUTUBE
www.youtube.com/user/DavidPawsonMinistry

LA SERIE EXPLICANDO
VERDADES BIBLICAS EXPLICADAS SENCILLAMENTE

Si usted ha sido bendecido al leer, ver o escuchar este libro, hay más disponibles en la serie. Por favor regístrese y descargue más libritos visitando **www.explicandoverdadesbiblicas.com**

Otros libritos en la serie *Explicando* incluirán:
La historia asombrosa de Jesús
La unción y la llenura del Espíritu Santo
La resurrección: *El corazón del cristianismo*
El estudio de la Biblia
El bautismo del Nuevo Testamento
Cómo estudiar un libro de la Biblia: Judas
Los pasos fundamentales para llegar a ser un cristiano
Lo que la Biblia dice sobre el dinero
Lo que la Biblia dice sobre el trabajo
Gracia: ¿*Favor inmerecido, fuerza irresistible
o perdón incondicional?*
¿Eternamente seguros?
Tres textos que suelen tomarse fuera de contexto:
Explicando la verdad y exponiendo el error
LaTrinidad
La verdad sobre la Navidad

Tambien nos encontramos en proceso de preparar y subir estos libritos que puedan ser comprados como copia impresa de:

www.amazon.co.uk o www.thebookdepository.com

ABRAMOS LA BIBLIA

Una reseña única del Antiguo y el Nuevo Testamento del internacionalmente aclamado orador y autor evangélico David Pawson. *Abramos la Biblia* abre la palabra de Dios de una forma fresca y poderosa. Pasando por alto los pequeños detalles de los estudios versículo por versículo, expone la historia épica de Dios y su pueblo en Israel. La cultura, el trasfondo histórico y las personas son presentados y aplicados al mundo moderno. Ocho volúmenes han sido reunidos en una guía compacta y fácil de usar que cubren el Antiguo y el Nuevo Testamento en una única edición gigante. El Antiguo Testamento: *Las instrucciones del fabricante* (Los cinco libros de la Ley), *Una tierra y un reino* (Josué, Jueces, Rut, 1-2 Samuel, 1-2 Reyes), *Poesías de adoración y sabiduría* (Salmos, Cantares, Proverbios, Eclesiastés), *Declinación y caída de un imperio* (Isaías, Jeremías y otros profetas), *La lucha por sobrevivir* (1-2 Crónicas y los profetas del exilio) – El Nuevo Testamento: *La bisagra de la historia* (Mateo, Marcos, Lucas, Juan y Hechos), *El decimotercer apóstol* (Pablo y sus cartas), *A la gloria por el sufrimiento* (Apocalipsis, Hebreos, las cartas de Santiago, Pedro y Judas).

JESÚS LAS SIETE MARAVILLAS DE SU HISTORIA

Este libro es el resultado de toda una vida de contar "la más grande historia jamás contada" por todo el mundo. David la volvió a narrar a varios cientos de jóvenes en Kansas City, EE.UU., que escucharon con un entusiasmo desinhibido, "twiteando" por Internet acerca de este "simpático caballero inglés" mientras hablaba.

Tomando la parte central del Credo de los Apóstoles como marco, David explica los hechos fundamentales acerca de Jesús en los que está basada la fe cristiana de una forma fresca y estimulante. Tanto los cristianos viejos como nuevos de beneficiarán de este llamado a "volver a los fundamentos", y encontrarán que se vuelven a enamorar de su Señor.

OTRAS ENSEÑANZAS
POR DAVID PAWSON

Para el listado más actualizado de los libros de David ir a: **www.davidpawsonbooks.com**

Para comprar las enseñanzas de David ir a: **www.davidpawson.com**

www.ingramcontent.com/pod-product-compliance
Lightning Source LLC
Chambersburg PA
CBHW071040080526
44587CB00015B/2698